AF201417

Impressum
Verlag: BABADADA GmbH, Nedderfeld 112 , 22529 Hamburg
Geschäftsführer / Verlagsleitung: Harald Hof
Druck: Books on Demand GmbH, In de Tarpen 42, 22848 Norderstedt

Imprint
Publisher: BABADADA GmbH, Nedderfeld 112 , 22529 Hamburg, Germany
Managing Director / Publishing direction: Harald Hof
Print: Books on Demand GmbH, In de Tarpen 42, 22848 Norderstedt, Germany

escola

sekolah

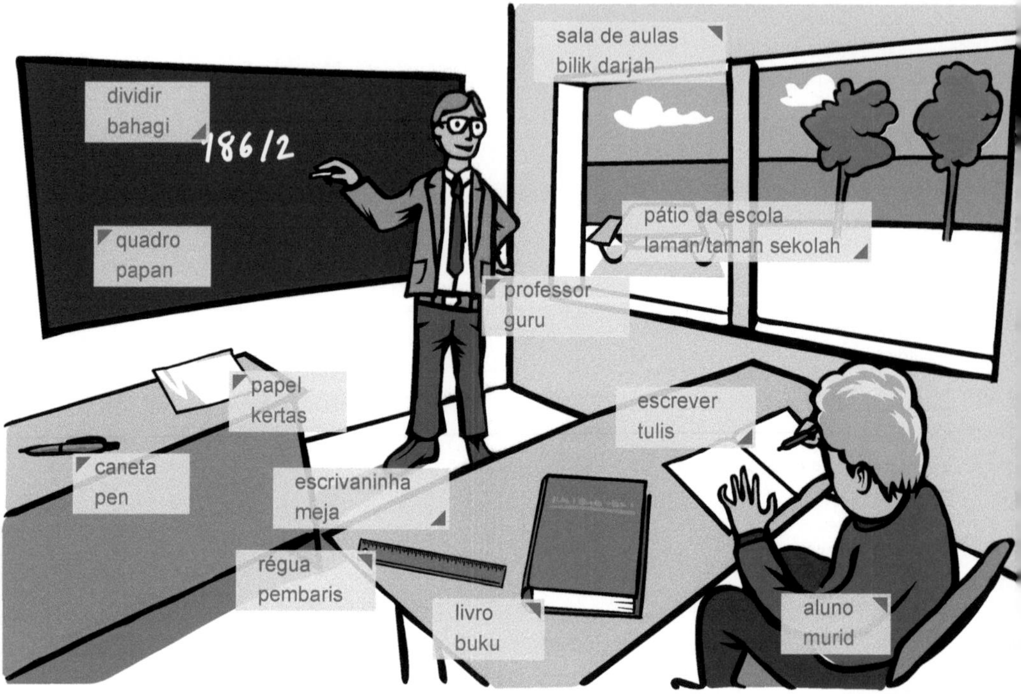

sala de aulas
bilik darjah
dividir
bahagi
186/2
quadro
papan
pátio da escola
laman/taman sekolah
professor
guru
papel
kertas
escrever
tulis
caneta
pen
escrivaninha
meja
régua
pembaris
livro
buku
aluno
murid

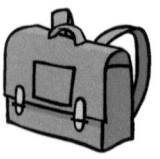

sacola
beg galas

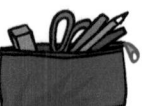

estojo de lápis
kotak pensel

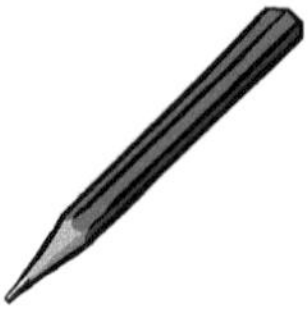

lápis
pensel

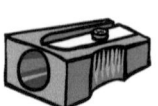

apontador de lápis
pengasah pensel

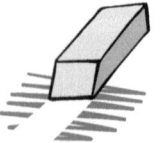

borracha
pemadam

bloco de desenho
kertas lukisan

desenho
melukis

pincel
berus lukis

estojo de tintas
kotak warna

tesoura
gunting

cola
gam

livro de exercícios
buku latihan

lição de casa
kerja rumah

12

número
nombor

2+2

somar
tambah

5-2

subtrair
tolak

2×2

multiplicar
darab

calcular
kira

A

letra
huruf

ABCDEFG HIJKLMN OPQRSTU VWXYZ

alfabeto
abjad

palavra
kata

texto

teks

ler

baca

giz

kapur

hora

pelajaran

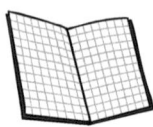

registro da classe

daftar

exame

peperiksaan

certificado

sijil

uniforme escolar

uniform sekolah

educação

pendidikan

enciclopédia

ensiklopedia

universidade

universiti

microscópio

mikroskop

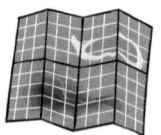

mapa

peta

cesto de lixo

bakul sampah

viagem
berjalan

hotel
hotel
Grand
albergue
asrama
ROOMS
EXCHANGE
casa de câmbio
pejabat tukaran mata wang
mala
beg pakaian
carro
kereta

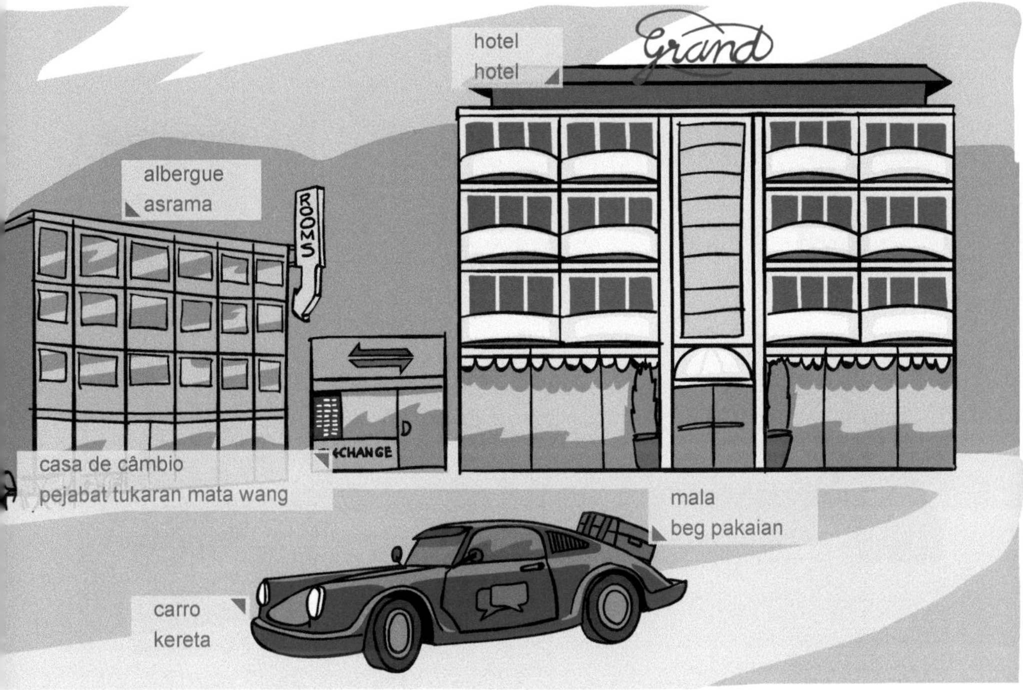

idioma
....
bahasa

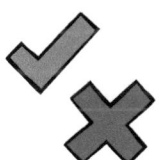

sim / não
....
ya / tidak

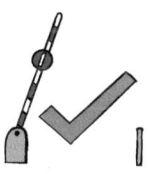

ok
....
okey

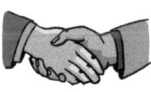

Olá
....
helo

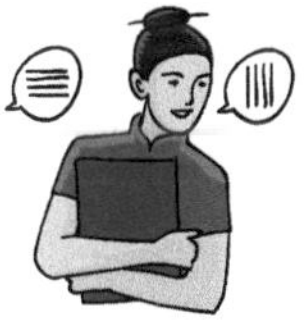

tradutor
....
penterjemah

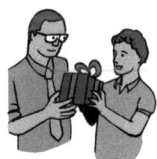

obrigado
....
Terima kasih

quanto custa...?

berapa banyak...?

eu não entendo

saya tidak faham

problema

masalah

boa noite!

Selamat petang!

Bom dia!

Selamat Pagi!

Boa noite!

Selamat Malam!

até logo

selamat tinggal

direção

arah

bagagem

bagasi

bolsa

beg

mochila

beg galas

convidado

tetamu

quarto

bilik tidur

saco de dormir

beg tidur

barraca

khemah

informação turística

maklumat pelancong

praia

pantai

cartão de crédito

kad kredit

café da manhã

sarapan

almoço

makan tengah hari

jantar

makan malam

bilhete

tiket

elevador

lif

selo

setem

fronteira

sempadan

alfândega

kastam

embaixada

kedutaan

visto

visa

passaporte

pasport

viagem - berjalan

transporte
pengangkutan

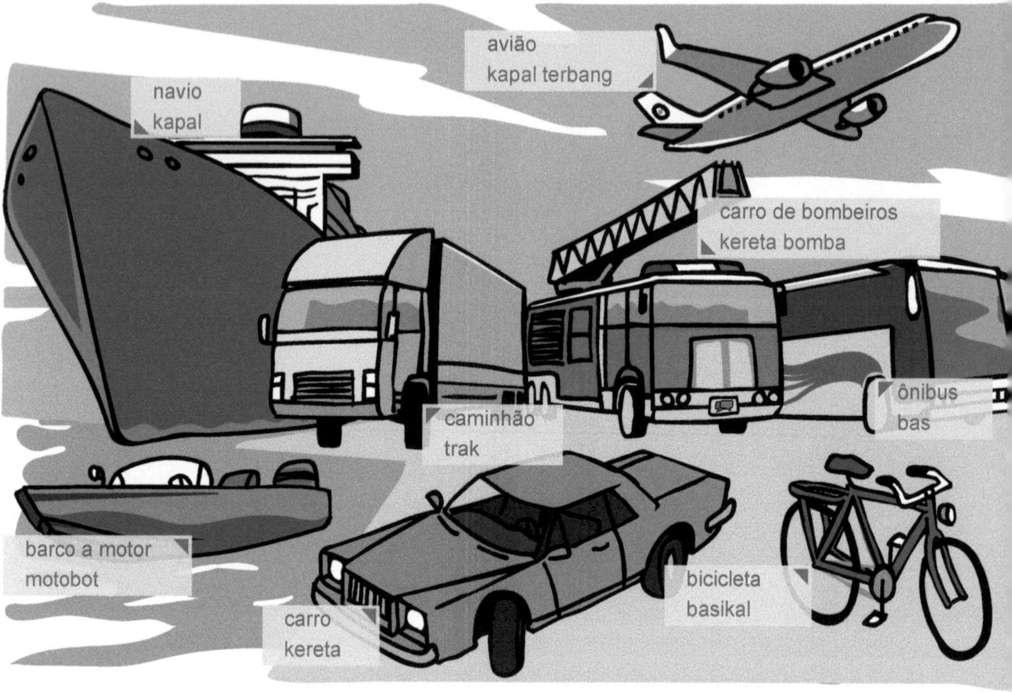
avião
kapal terbang
navio
kapal
carro de bombeiros
kereta bomba
ônibus
bas
caminhão
trak
barco a motor
motobot
bicicleta
basikal
carro
kereta

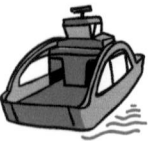

balsa
feri

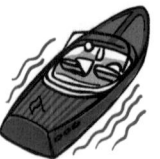

barco
bot

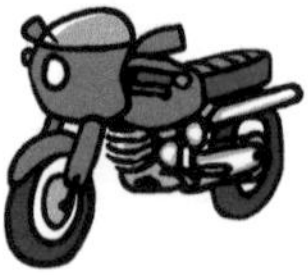

motocicleta
motosikal

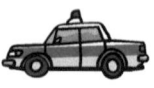

veículo policial
kereta polis

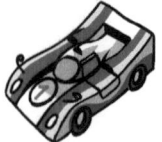

carro de corrida
kereta lumba

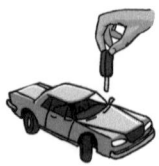

carro de aluguel
kereta sewa

compartilhamento de automóvel
berkongsi kereta

caminhão de reboque
trak tunda

caminhão de lixo
trak menolak

motor
motor

combustível
bahan api

posto de gasolina
stesen minyak

placa de trânsito
tanda trafik

trânsito
trafik

trânsito lento
kesesakan lalu lintas

estacionamento
tempat parkir

estação de trem
stesen kereta api

trilhos
trek

trem
kereta api

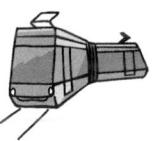

bonde
trem

vagão
gerabak

helicóptero

helikopter

aeroporto

lapangan terbang

torre

Menara

passageiro

penumpang

contêiner

bekas

cartolina

kadbod

carroça

kart

cesto

bakul

decolar / pousar

berlepas / mendarat

cidade

bandar

vilarejo

kampung

centro da cidade

pusat bandar

casa

rumah

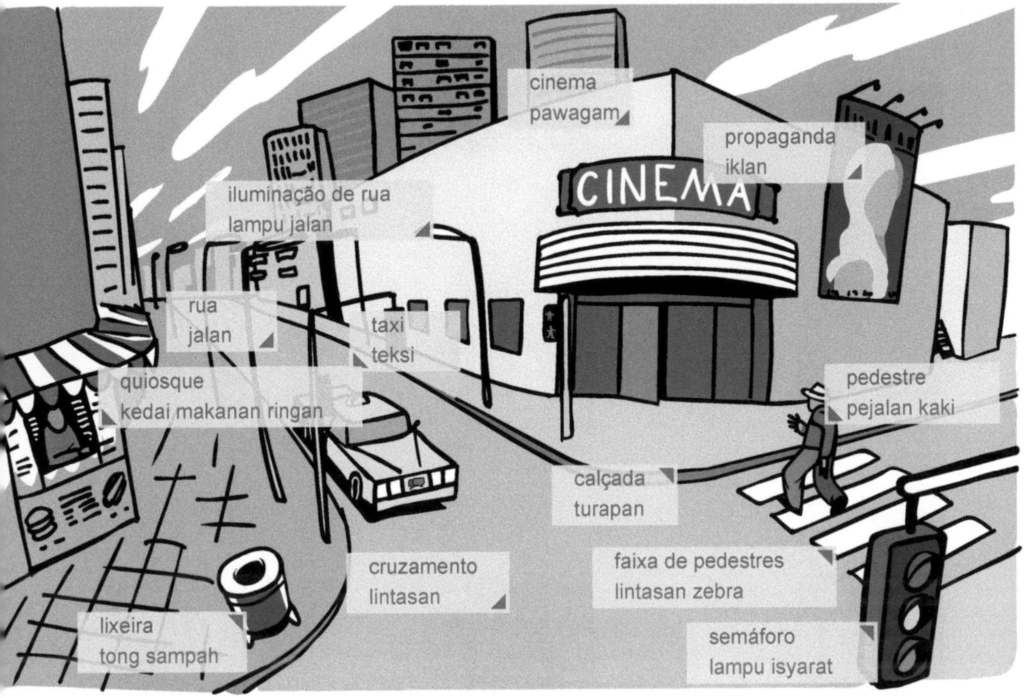
cinema
pawagam
propaganda
iklan
CINEMA
iluminação de rua
lampu jalan
rua
jalan
taxi
teksi
quiosque
kedai makanan ringan
pedestre
pejalan kaki
calçada
turapan
cruzamento
lintasan
faixa de pedestres
lintasan zebra
lixeira
tong sampah
semáforo
lampu isyarat

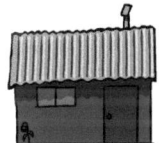

cabana
pondok

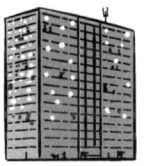

apartamento
flat

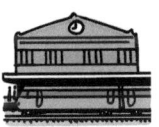

estação de trem
stesen kereta api

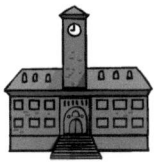

prefeitura
dewan bandar

MUSEUM

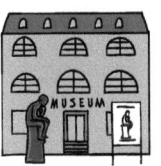

museu
muzium

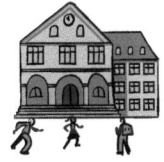

escola
sekolah

universidade

universiti

banco

bank

hospital

hospital

hotel

hotel

farmácia

farmasi

escritório

pejabat

livraria

kedai buku

loja

kedai

floricultura

kedai bunga

supermercado

pasar raya

mercado

pasaran

loja de departamentos

gedung

peixaria

penjual ikan

centro comercial

pusat membeli-belah

porto

pelabuhan

parque
taman

banco
bangku

ponte
jambatan

escadas
tangga

metrô
bawah tanah

túnel
terowong

ponto de ônibus
hentian bas

bar
bar

restaurante
restoran

caixa de correspondência
peti surat

placa de rua
papan tanda jalan

parquímetro
meter parkir

zoológico
zoo

piscina
kolam renang

mesquita
masjid

fazenda
ladang

poluição
pencemaran

cemitério
tanah perkuburan

igreja
gereja

parquinho
taman permainan

templo
kuil

paisagem
landskap

folha
daun

placa de sinalização
tiang tanda

caminho
jalan

gramado
padang rumput

pedra
batu

caminhantes
pejalan kaki

árvore
pokok

rio
sungai

grama
rumput

flor
bunga

vale

lembah

montanha

bukit

lago

tasik

floresta

hutan

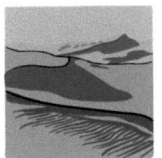

deserto

padang pasir

vulcão

gunung berapi

castelo

istana

arco-íris

pelangi

cogumelo

cendawan

palmeira

pokok kelapa sawit

mosquito

nyamuk

mosca

terbang

formiga

semut

abelha

lebah

aranha

labah-labah

besouro

kumbang

sapo

katak

esquilo

tupai

ouriço

landak

lebre

arnab

coruja

burung hantu

pássaro

burung

cisne

angsa

javali

babi jantan

veado

rusa

alce

moose

barragem

empangan

aerogerador

turbin angin

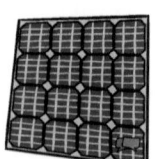

painel solar

panel solar

clima

iklim

restaurante
restoran

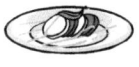

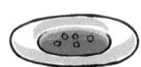

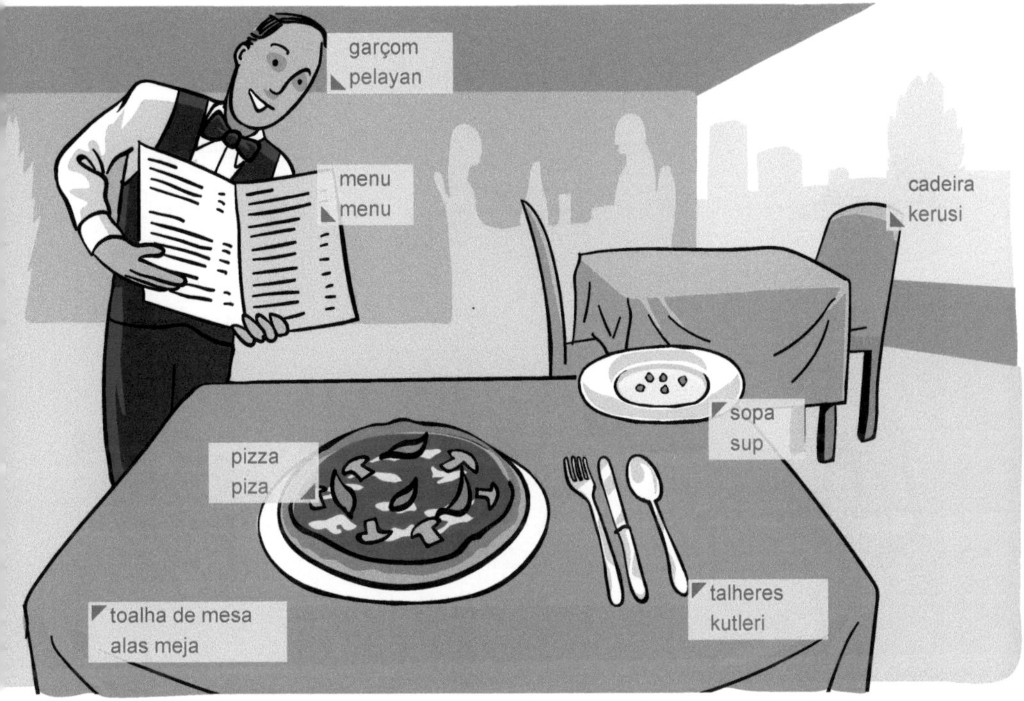
garçom
pelayan
menu
menu
cadeira
kerusi
sopa
sup
pizza
piza
talheres
kutleri
toalha de mesa
alas meja

entrada

pemula

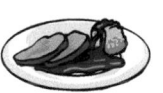

prato principal

hidangan utama

sobremesa

pencuci mulut

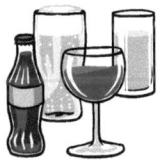

bebidas

minuman

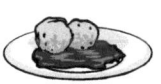

comida

makanan

garrafa

botol

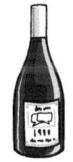

fastfood

makanan segera

comida de rua

makanan jalanan

bule de chá

teko

açucareiro

mangkuk gula

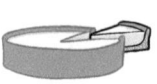

porção

bahagian

máquina de expresso

mesin espreso

cadeirão

kerusi tinggi

conta

bil

bandeja

dulang

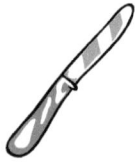

faca

pisau

garfo

garfu

colher

sudu

colher de chá

sudu teh

guardanapo

serviette

copo

gelas

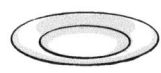		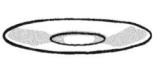
prato	prato de sopa	pires
pinggan	mangkuk sup	piring
	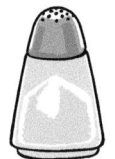	
molho	saleiro	moedor de pimenta
sos	tempat garam	pengisar lada
		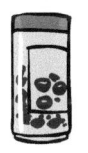
vinagre	óleo	especiarias
cuka	minyak	rempah

ketchup	mostarda	maionese
sos	mustard	mayones

supermercado
pasar raya

oferta especial
tawaran istimewa
FOR
cliente
pelanggan
laticínios
tenusu
frutas
buah-buahan
carrinho de compras
troli

BUTCHERS

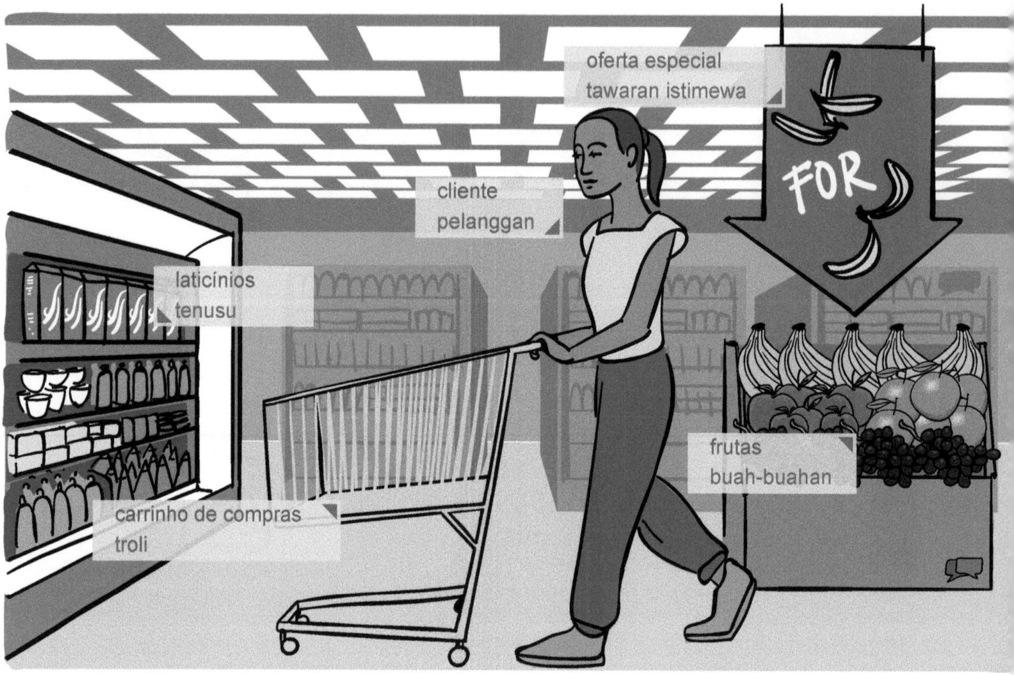

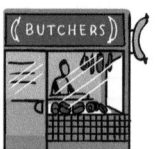

açougue

tukang daging

BAKERY

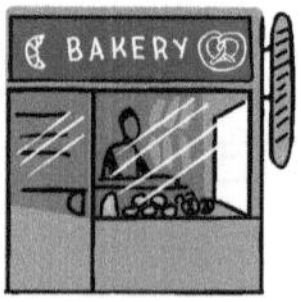

padaria

kedai roti

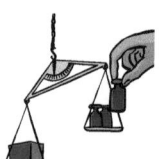

pesar

berat

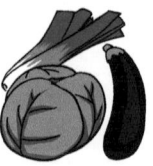

legumes

sayur-sayuran

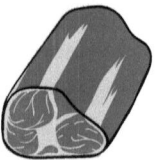

carne

daging

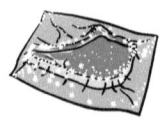

congelados

makanan sejuk beku

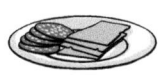

charcutaria

daging sejuk

conservas

makanan dalam tin

detergente em pó

serbuk pencuci

doces

gula-gula

artigos domésticos

produk isi rumah

produtos de limpeza

produk pembersihan

vendedora

orang jualan

caixa

daftar tunai

caixa

juruwang

lista de compras

senarai membeli-belah

horário de funcionamento

waktu pembukaan

carteira

beg duit

cartão de crédito

kad kredit

sacola

beg

saco plástico

beg plastik

água
air

suco
jus

leite
susu

coca-cola
kola

vinho
wain

cerveja
bir

álcool
alkohol

cacau
koko

chá
the

café
kopi

expresso
espreso

cappuccino
kapucino

banana

pisang

maçã

epal

laranja

oren

melão

tembikai

limão

lemon

cenoura

lobak merah

alho

bawang putih

bambu

buluh

cebola

bawang

cogumelo

cendawan

nozes

kacang

macarrão

mi

espaguete

spageti

arroz

nasi

salada

salad

batatas fritas

kerepek

batatas frias

kentang goreng

pizza

piza

hambúrger

hamburger

sanduíche

sandwic

escalope

kutlet

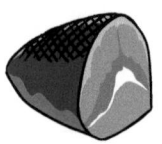

presunto

ham

salame

salami

salsicha

sosej

galinha

ayam

assado

panggang

peixe

ikan

flocos de aveia

bubur oat

granola

muesli

flocos de milho

emping jagung

farinha

tepung

croissant

kroisan

pãozinho

roti roll

pão

roti

torrada

roti bakar

biscoitos

biskut

manteiga

mentega

requeijão

dadih

bolo

kek

ovo

telur

ovo frito

telur goreng

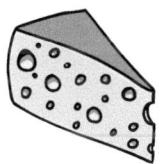

queijo

keju

sorvete

ais krim

açúcar

gula

mel

madu

geleia

jem

creme de avelãs

krim nougat

curry

kari

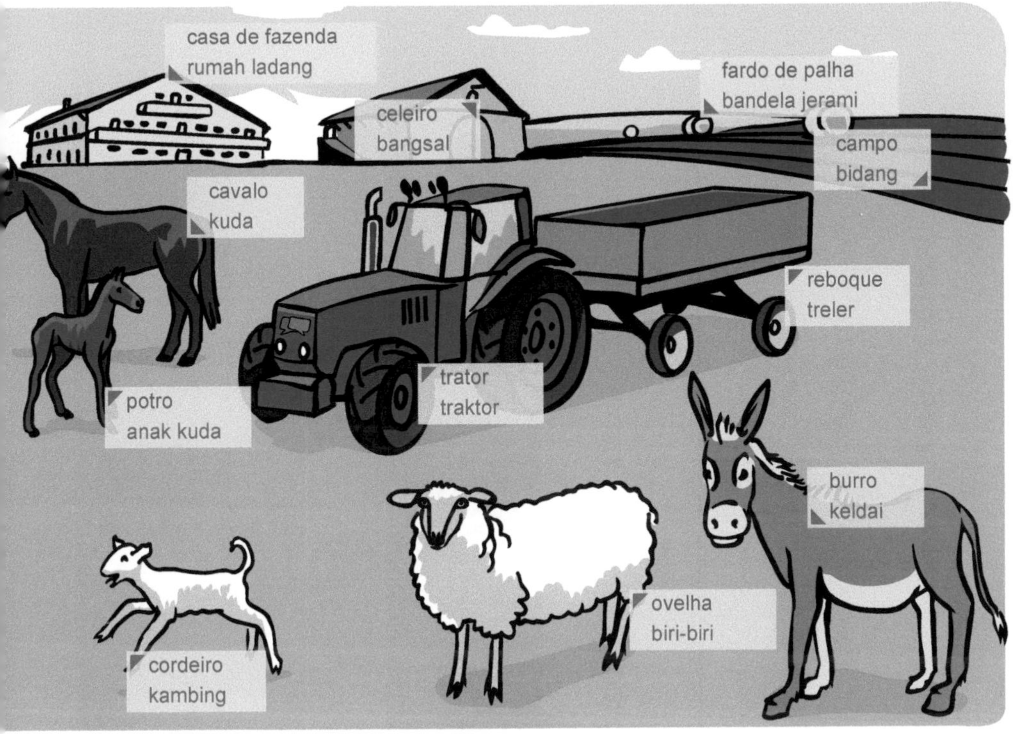

casa de fazenda
rumah ladang

fardo de palha
bandela jerami

celeiro
bangsal

campo
bidang

cavalo
kuda

reboque
treler

potro
anak kuda

trator
traktor

burro
keldai

cordeiro
kambing

ovelha
biri-biri

cabra

kambing

vaca

lembu

bezerro

anak lembu

porco

babi

leitão

anak babi

touro

lembu

ganso

angsa

pato

itik

pintinho

anak ayam

galinha

ayam betina

galo

ayam jantan muda

ratazana

tikus

gato

kucing

camundongo

tikus

boi

lembu jantan

cachorro

anjing

casinha do cachorro

rumah anjing

mangueira de jardim

hos taman

regador

bekas siraman

foice

sabit

arado

bajak

foice
sabit

enxada
cangkul

forquilha
serampang peladang

machado
kapak

carrinho de mão
kereta sorong

manjedoura
palung

jarra de leite
tin susu

saco
karung

cerca
pagar

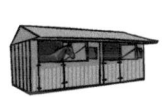

estábulo
stabil

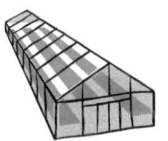

estufa
rumah hijau

solo
tanah

semente
benih

fertilizante
baja

colheitadeira
jentuai

colher

tuai

colheita

menuai

inhame

keladi

trigo

gandum

soja

soya

batata

kentang

milho

jagung

colza

biji sawi

árvore frutífera

pokok buah-buahan

mandioca

ubi kayu

cereais

bijirin

casa
rumah

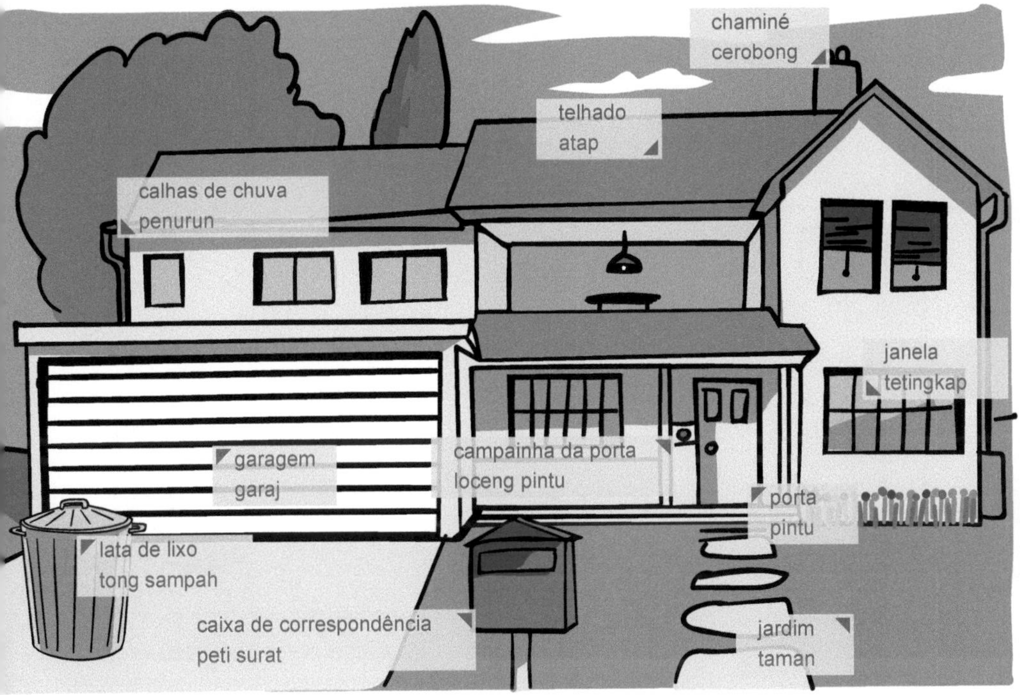
chaminé
cerobong
telhado
atap
calhas de chuva
penurun
janela
tetingkap
garagem
garaj
campainha da porta
loceng pintu
porta
pintu
lata de lixo
tong sampah
caixa de correspondência
peti surat
jardim
taman

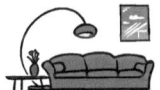

sala de estar
ruang tamu

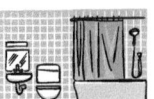

banheiro
bilik air

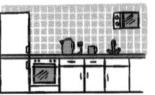

cozinha
dapur

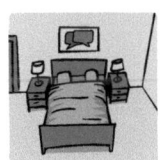

quarto de dormir
bilik tidur

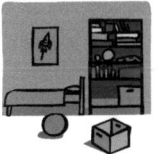

quarto de criança
bilik kanak-kanak

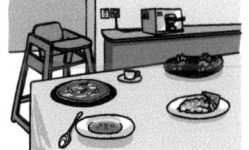

sala de jantar
ruang makan

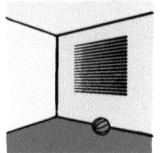

chão

lantai

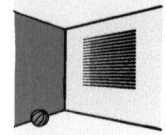

parede

dinding

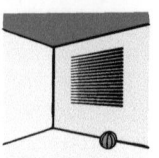

teto

siling

porão

bilik bawah tanah

sauna

sauna

varanda

balkoni

terraço

teres

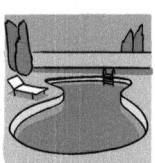

piscina

kolam renang

cortador de grama

pemotong rumput

lençol

lembaran

coberta

penutup tilam

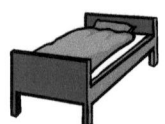

cama

katil

vassoura

penyapu

balde

timba

interruptor

suis

sala de estar

ruang tamu

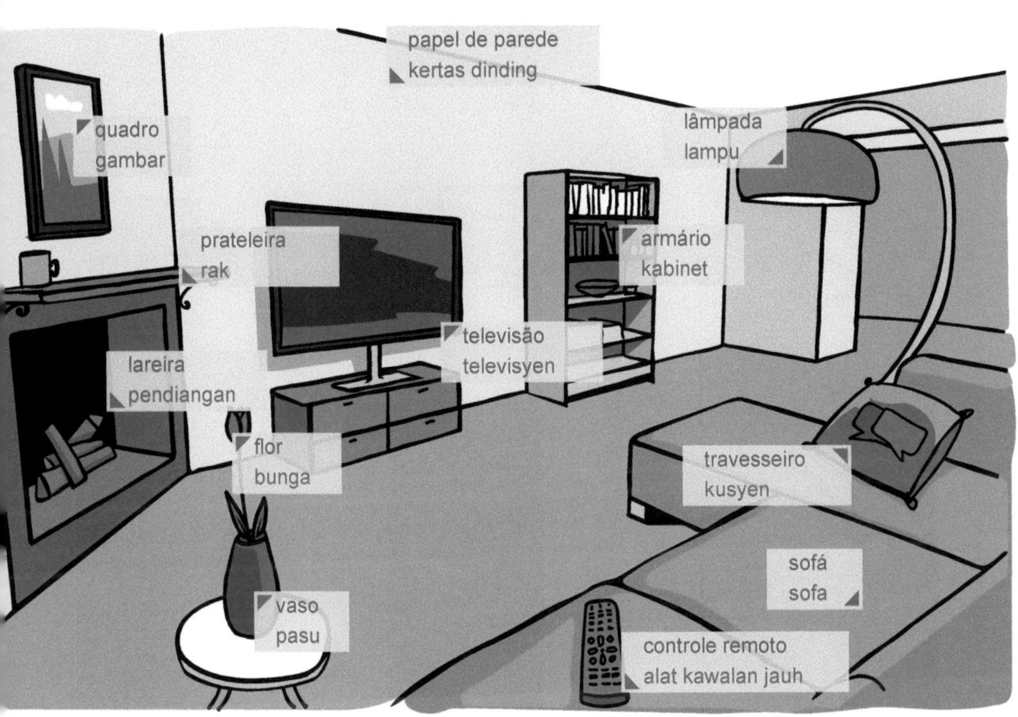
papel de parede
kertas dinding
quadro
gambar
lâmpada
lampu
prateleira
rak
armário
kabinet
televisão
televisyen
lareira
pendiangan
flor
bunga
travesseiro
kusyen
sofá
sofa
vaso
pasu
controle remoto
alat kawalan jauh

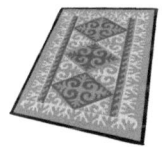

tapete

permaidani

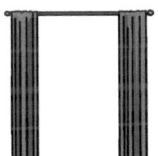

cortina

tirai

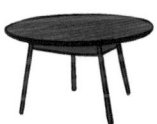

mesa

meja

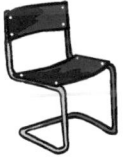

cadeira

kerusi

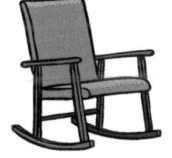

cadeira de balanço

kerusi malas

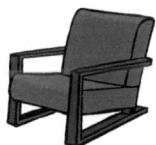

poltrona

kerusi

livro

buku

cobertor

selimut

decoração

hiasan

lenha

kayu api

filme

filem

equipamento de som

hi-fi

chave

kunci

jornal

akhbar

pintura

lukisan

pôster

poster

rádio

radio

bloco de notas

buku catatan

aspirador

penyedut habuk

cacto

kaktus

vela

lilin

cozinha
dapur

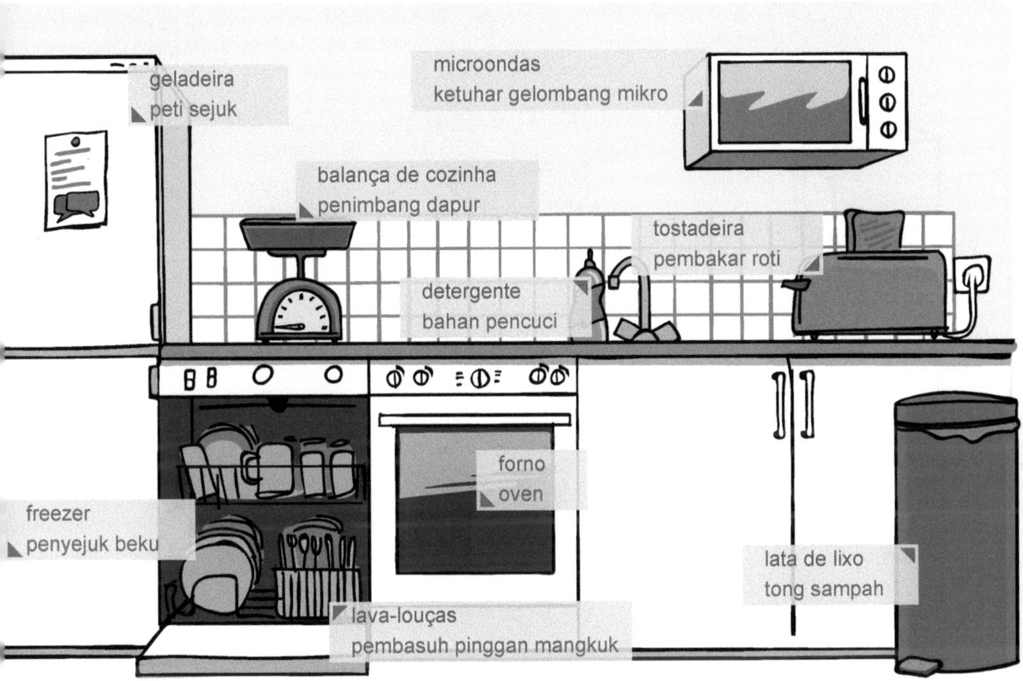

geladeira
peti sejuk
microondas
ketuhar gelombang mikro
balança de cozinha
penimbang dapur
tostadeira
pembakar roti
detergente
bahan pencuci
forno
oven
freezer
penyejuk beku
lata de lixo
tong sampah
lava-louças
pembasuh pinggan mangkuk

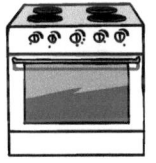

fogão

periuk dapur

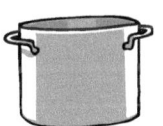

panela

periuk

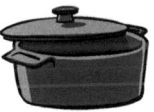

panela de ferro

periuk besi

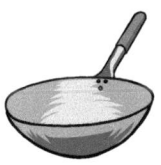

wok / kadai

kuali

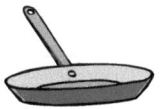

frigideira

pan

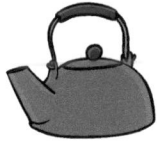

chaleira

cerek

panela a vapor

pengukus

tabuleiro de forno

dulang pembakar

louça

pinggan mangkuk

caneca

koleh

caçarola

mangkuk

hashi

penyepit

concha de sopa

senduk

espátula

spatula

batedor

pengadun

escorredor

penapis

peneira

ayak

ralador

pemarut

almofariz

mortar

churrasqueira

barbeku

lareira

pembakaran terbuka

tábua de cortar

papan pencincang

rolo da massa

pin golekan

saca-rolhas

skru gabus

lata

tin

abridor de latas

pembuka tin

pegador de panela

pemegang periuk

pia

sinki

escova

berus

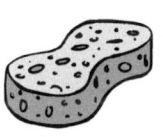

esponja

span

liquidificador

pengisar

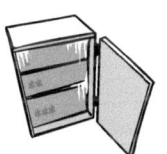

congelador

penyejuk beku

mamadeira

botol bayi

torneira

paip

banheiro

bilik air

aquecimento
pemanasan
ducha
mandi
toalha
tuala
cortina de chuveiro
tirai mandi
banho de espuma
mandi buih
banheira
tab mandi
copo
gelas
lava-roupa
mesin basuh
torneira
paip
azulejos
jubin
penico
tandas
pia
sinki

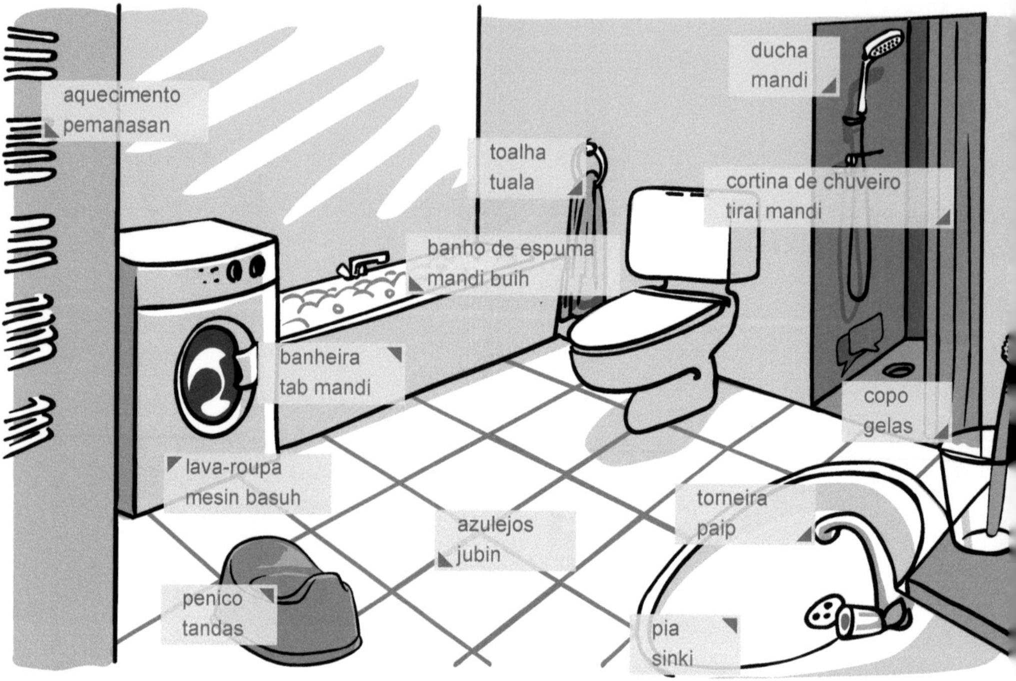

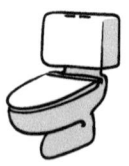

vaso sanitário

tandas

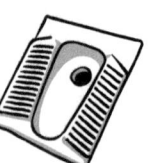

lavabo de agachar

tandas mencangkung

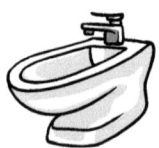

bidê

mangkuk tandas

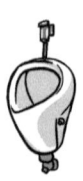

mictório

tandas awam

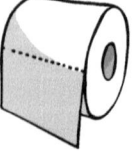

papel higiênico

kertas tandas

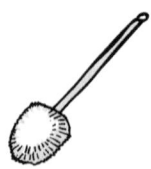

escova de privada

berus tandas

escova de dentes

berus gigi

pasta de dentes

ubat gigi

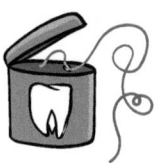

fio dental

flos gigi

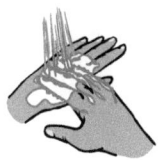

lavar

cuci

ducha de mão

mandian tangan

ducha íntima

pancuran

bacia

besen

escova para as costas

belakang berus

sabonete

sabun

gel de banho

gel mandian

xampu

syampu

toalha de rosto

flanel

escoamento

longkang

creme

krim

desodorante

deodoran

espelho

cermin

espelho de mão

cermin tangan

barbeador

pisau cukur

espuma de barbear

busa cukur

loção pós-barba

selepas cukur

pente

sikat

escova

berus

secador de cabelo

pengering rambut

spray de cabelo

semburan rambut

maquiagem

mekap

batom

gincu

esmalte de unhas

varnis kuku

algodão

bulu kapas

tesoura para unhas

gunting kuku

perfume

pewangi

nécessaire

beg basuhan

banquinho

bangku

balança

skala berat

roupão de banho

jubah mandi

luvas de borracha

sarung tangan getah

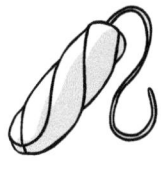

absorvente interno

kapas

absorvente íntimo

tuala wanita

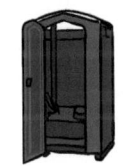

banheiro químico

tandas kimia

quarto de criança
bilik kanak-kanak

despertador
jam loceng
boneco de pelúcia
mainan kegemaran
carrinho de brinquedo
kereta mainan
chacoalho
kerincing bayi
casa de bonecas
rumah anak patung
presente
hadiah

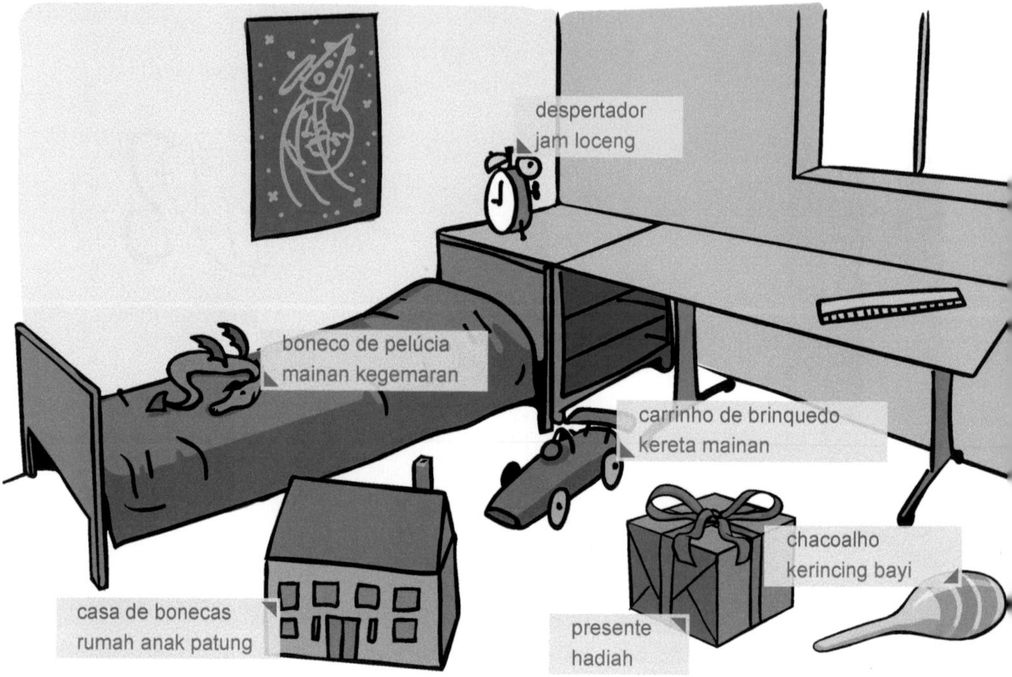

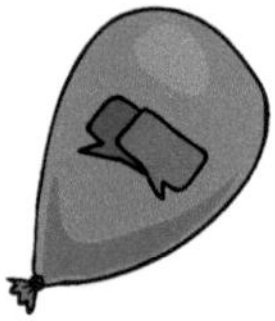

balão

belon

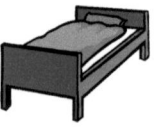

cama

katil

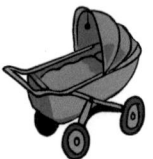

carrinho de bebê

kereta sorong bayi

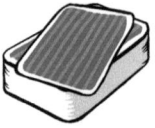

jogo de cartas

set kad

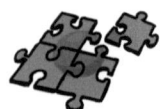

quebra-cabeças

susun suai gambar

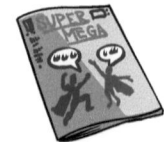

revista de quadrinhos

komik

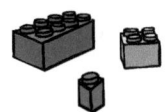

peças de Lego
batu bata lego

blocos de construção
blok mainan

figura de ação
figura aksi

macaquinho de bebê
baju bayi

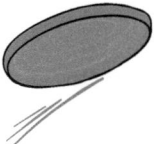

frisbee
frisbee

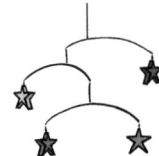

móbile para bebé
mainan bayi mudah alih

jogo de tabuleiro
permainan papan

dados
dadu

trenzinho elétrico
set model kereta api

chupeta
palsu

festa
parti

livro ilustrado
buku bergambar

bola
bola

boneca
anak patung

brincar
main

caixa de areia

lubang pasir

balanço

buai

brinquedos

mainan

videogame

konsol permainan video

triciclo

basikal roda tiga

ursinho de pelúcia

anak patung beruang

guarda-roupa

almari pakaian

vestuário

pakaian

meias

stoking

meias pelo joelho

stoking

meias-calças

ketat

cachecol
skarf

guarda-chuva
payung

camiseta
kemeja-t

eselamatan

botas
but

chinelos
selipar

tênis
kasut sukan

sandálias
sandal

sapatos
kasut

botas de borracha
but getah

roupa de baixo
seluar dalam

sutiã
coli

camiseta de baixo
ves

body
badan

calças
Seluar panjang

jeans
jean

saia
skirt

blusa
blaus

camisa
kemeja

pulôver
baju panas sarung

suéter com capuz
sweater

blazer
blazer

jaqueta
jaket

casaco
kot

gabardine
baju hujan

traje
kostum

vestido
pakaian

vestido de casamento
baju pengantin

terno
sut

camisola
baju tidur

pijama
baju tidur

sari
sari

lenço de cabeça
skarf kepala

turbante
serban

burca
burqa

cafetã
kaftan

abaya
abaya/jubah

maiô
baju renang

sunga
seluar renang

shorts
seluar pendek

roupa de treino
sut balapan

avental
apron

luvas
sarung tangan

botão

butang

óculos

cermin mata

pulseira

gelang tangan

colar

rantai leher

anel

cincin

brinco

subang

boné

topi

cabide

penyangkut kot

chapéu

topi

gravata

tali leher

zíper

zip

capacete

topi keledar

suspensórios

pendakap

uniforme escolar

uniform sekolah

uniforme

seragam

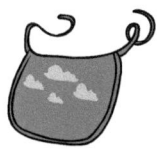

babador

lapik dada

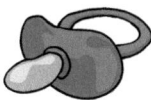

chupeta

palsu

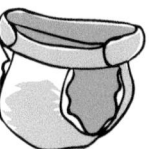

fralda

lampin

escritório
pejabat

servidor
pelayan
armário de arquivos
kabinet fail
impressora
mesin pencetak
papel
kertas
monitor
monitor
mouse
tetikus
escrivaninha
meja
pasta
folder
teclado
papan kekunci
cesto de lixo
bakul sampah
computador
komputer
cadeira
kerusi

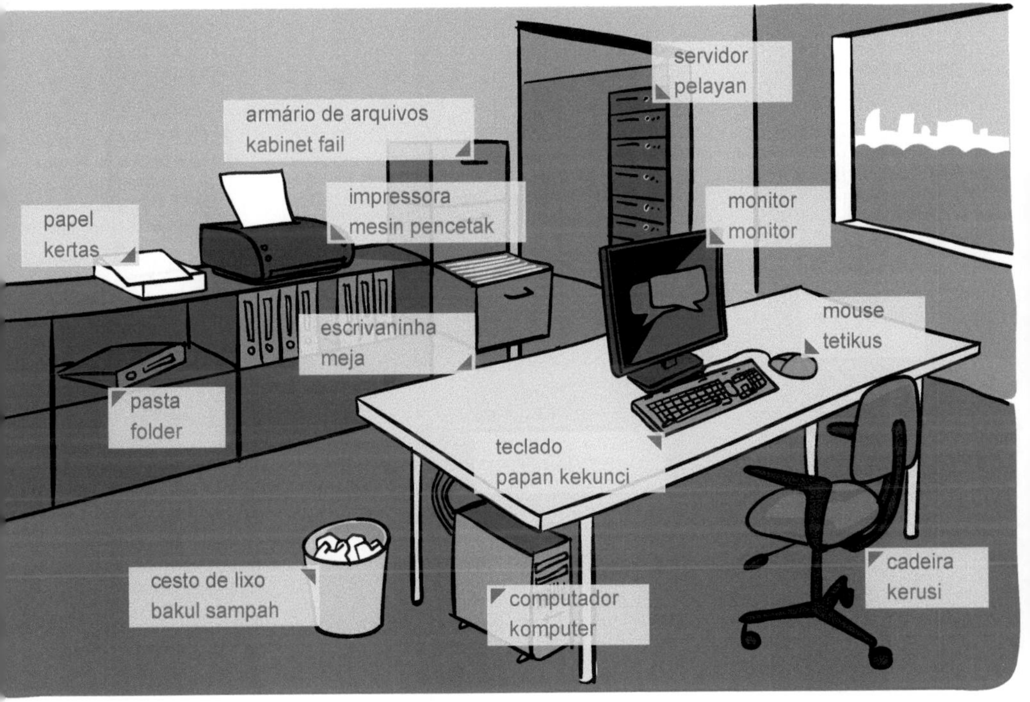

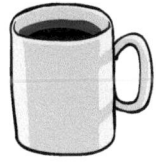

xícara de café

cawan kopi

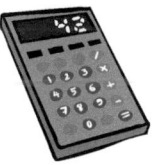

calculadora

kalkulator

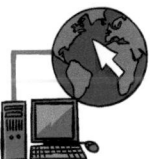

internet

internet

laptop

komputer riba

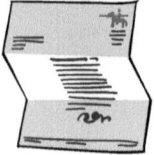

carta

surat

mensagem

mesej

celular

mudah alih

rede

rangkaian

copiadora

mesin fotokopi

software

perisian

telefone

telefon

tomada

soket plag

fax

mesin faks

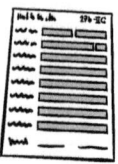

formulário

bentuk

documento

dokumen

comprar
beli

pagar
bayar

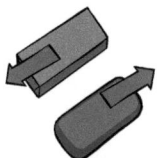

negociar
berdagang

dinheiro
wang

Dólar
dolar

Euro
euro

Yen
yen

rublo
rubel

franco suíço
franc swiss

renminbi yuan
renminbi yuan

rupia
rupee

caixa eletrônico
mata tunai

casa de câmbio
pejabat tukaran mata wang

ouro
emas

prata
perak

petróleo
minyak

energia
tenaga

preço
harga

contrato
kontrak

imposto
cukai

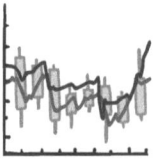

ação
stok

trabalhar
kerja

empregado
pekerja

empregador
majikan

fábrica
kilang

loja
kedai

profissões
pekerjaan

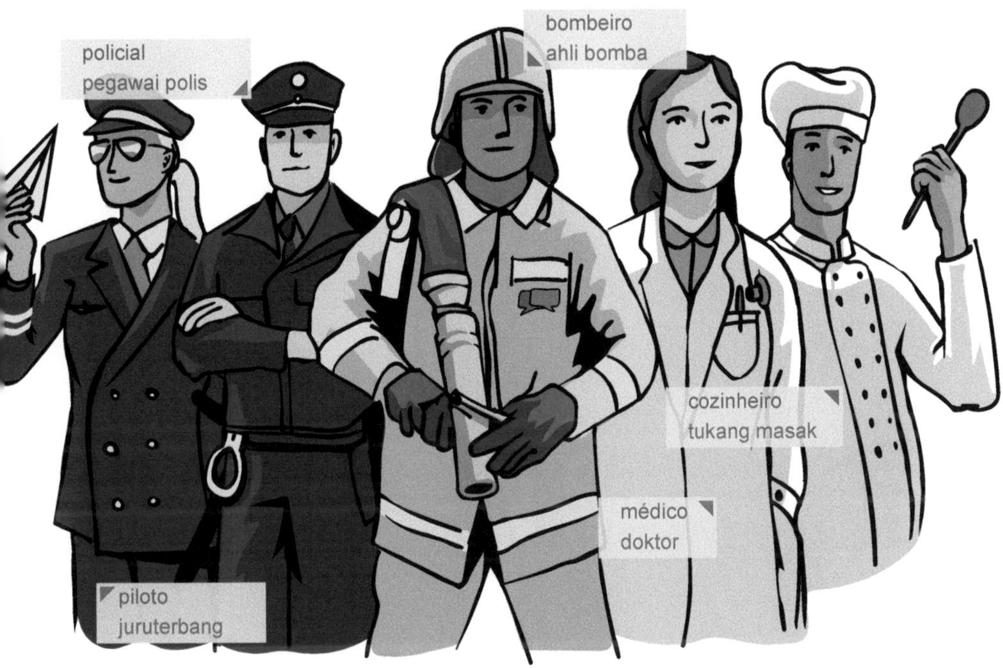
policial
pegawai polis
bombeiro
ahli bomba
cozinheiro
tukang masak
médico
doktor
piloto
juruterbang

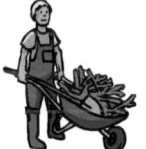

jardineiro

tukang kebun

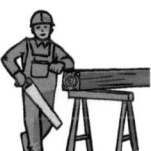

marceneiro

tukang kayu

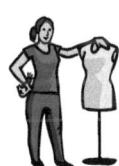

costureira

tukang jahit

juiz

hakim

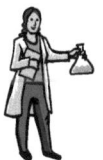

químico

ahli kimia

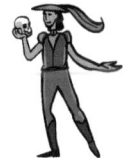

ator

pelakon

motorista de ônibus

pemandu bas

motorista de táxi

pemandu teksi

pescador

nelayan

faxineira

wanita pencuci

telhador

kasau

garçom

pelayan

caçador

pemburu

pintor

pelukis

padeiro

bakeri

eletricista

juruelektrik

construtor

pembangun

engenheiro

jurutera

açougueiro

penjual daging

encanador

tukang paip

carteiro

posmen

soldado	arquiteto	caixa
askar	arkitek	juruwang

florista	cabelereiro	condutor
kedai bunga	pendandan rambut	konduktor

mecânico	capitão	dentista
mekanik	kapten	doktor gigi

cientista	rabino	imam
ahli sains	tuhanku	imam

monge	pastor	
sami	paderi	

ferramentas
alat

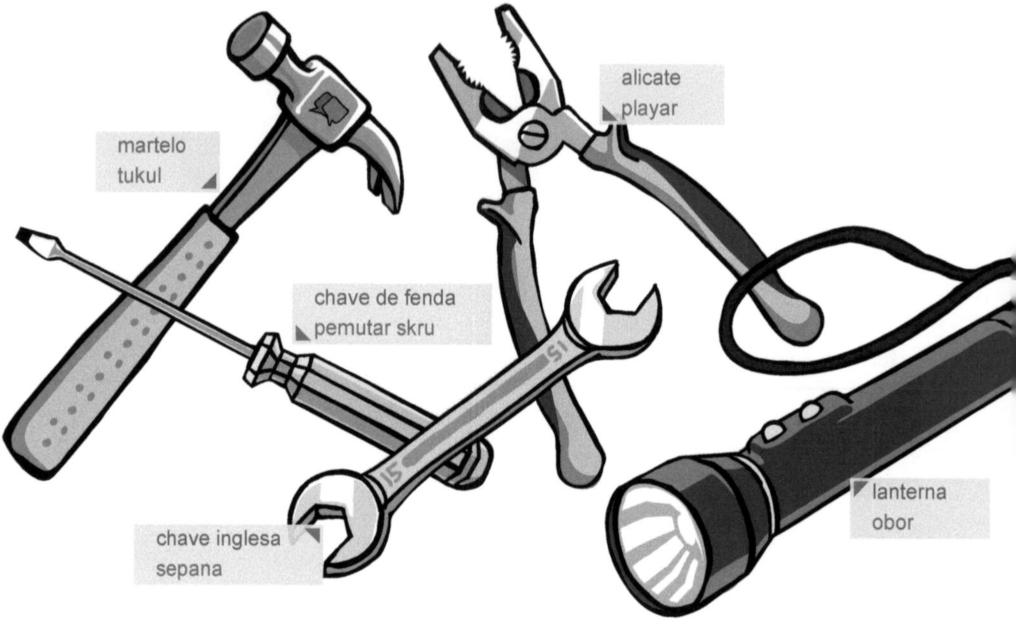

alicate
playar
martelo
tukul
chave de fenda
pemutar skru
lanterna
obor
chave inglesa
sepana

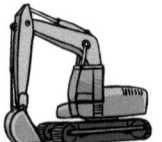

escavadora

pengorek

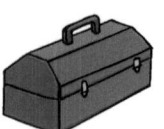

caixa de ferramentas

kotak peralatan

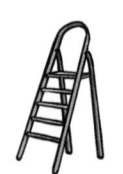

escada de mão

tangga

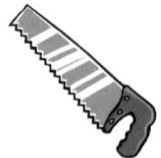

serra

gergaji

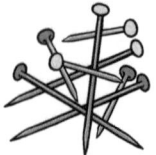

pregos

kuku

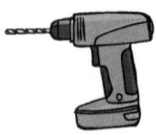

furadeira

gerudi

consertar
baiki

pá
penyodok

Droga!
Celaka!

pá de lixo
penadah sampah

pote de tinta
periuk cat

parafusos
skru

instrumentos musicais
alat muzik

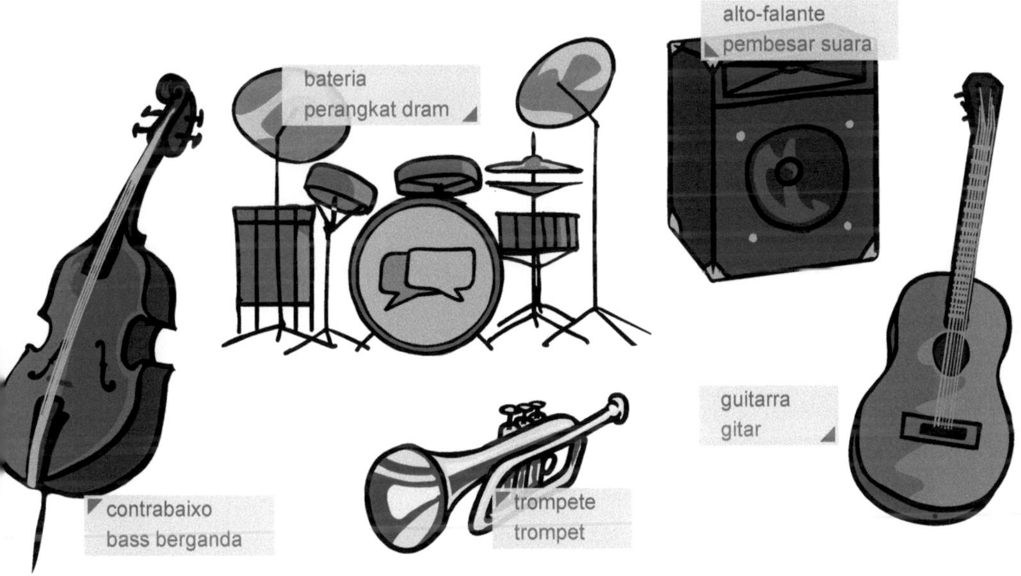

bateria
perangkat dram

alto-falante
pembesar suara

guitarra
gitar

contrabaixo
bass berganda

trompete
trompet

piano
piano

violino
biola

baixo
bass

timbales
timpani

tambor
dram

teclado
papan kekunci

saxofone
saksofon

flauta
seruling

microfone
mikrofon

zoológico

zoo

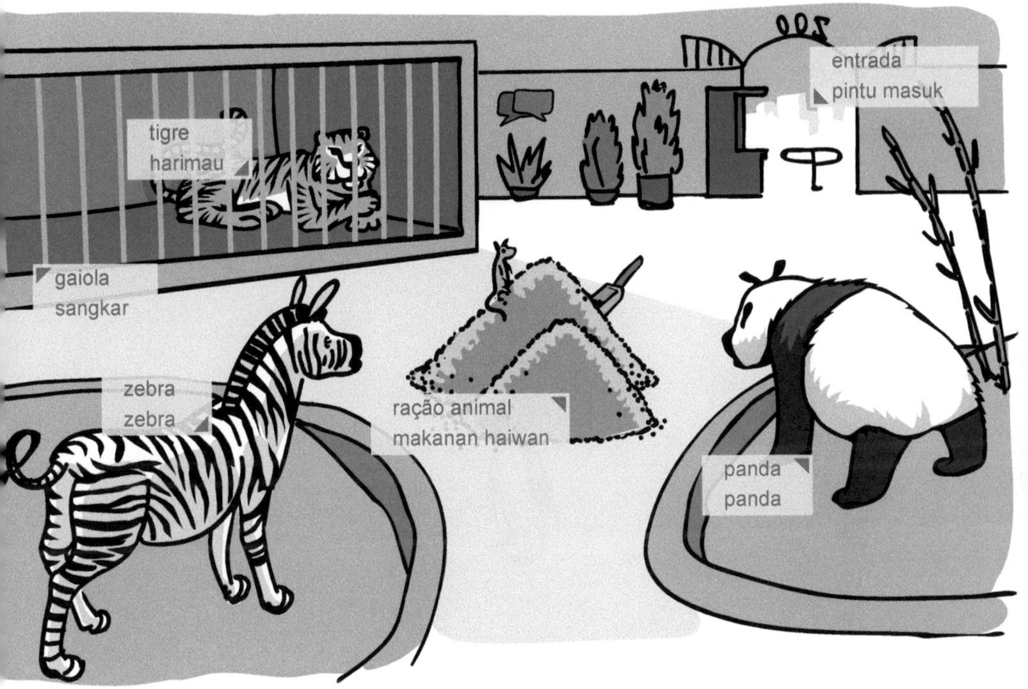

zoo
entrada
pintu masuk
tigre
harimau
gaiola
sangkar
zebra
zebra
ração animal
makanan haiwan
panda
panda

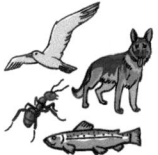

animais

haiwan

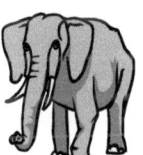

elefante

gajah

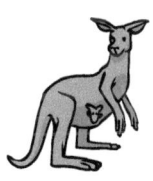

canguru

kanggaru

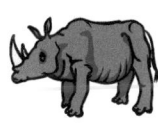

rinoceronte

badak sumbu

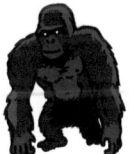

gorila

gorila

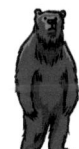

urso

beruang

camelo

unta

avestruz

burung unta

leão

singa

macaco

monyet

flamingo

flamingo

papagaio

nuri

urso polar

beruang kutub

pinguim

penguin

tubarão

yu

pavão

merak

cobra

ular

crocodilo

buaya

guarda do zoológico

penjaga zoo

foca

anjing laut

jaguar

jaguar

pônei
kuda

leopardo
harimau

hipopótamo
badak air

girafa
zirafah

águia
helang

javali
babi jantan

peixe
ikan

tartaruga
penyu

morsa
anjing laut

raposa
musang

gazela
rusa

zoológico - zoo

futebol americano
bola sepak Amerika

ciclismo
berbasikal

tênis
tenis

basquete
bola keranjang

natação
renang

boxe
tinju

hóquei no gelo
hoki ais

futebol	badminton	atletismo
bola sepak	badminton	olahraga

handebol	esqui	polo
bola baling	ski	polo

atividades
aktiviti

rir
ketawa
pular
lompat
abraçar
peluk
andar
berjalan
cantar
menyanyi
sonhar
mimpi
rezar
berdoa
beijar
cium

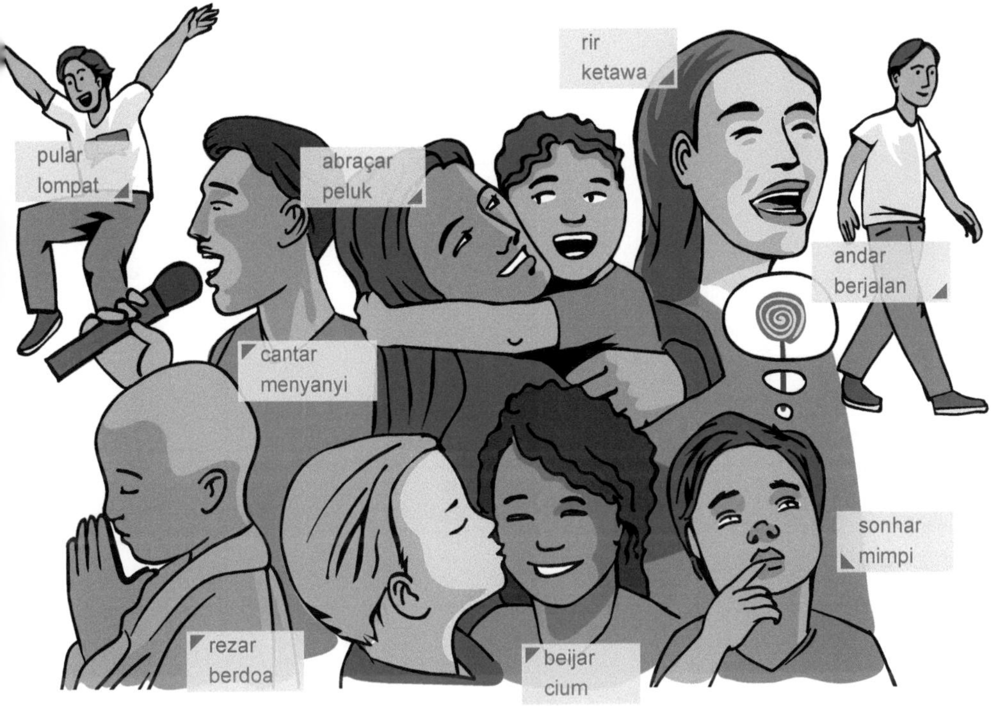

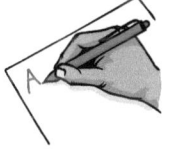

escrever

tulis

desenhar

lukis

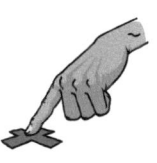

mostrar

tunjuk

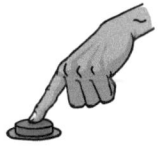

empurrar

tolak

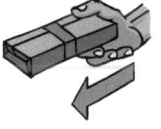

dar

beri

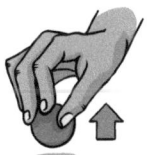

tomar

ambil

ter

ada

fazer

buat

ser

ialah

ficar de pé

berdiri

correr

lari

puxar

tarik

jogar

buang

cair

jatuh

deitar

tipu

esperar

tunggu

carregar

bawa

sentar

duduk

vestir

pakai

dormir

tidur

despertar

bangkit

olhar para

lihat pada

chorar

menangis

acariciar

strok

pentear

sikat

falar

cakap

entender

faham

perguntar

tanya

ouvir

dengar

beber

minum

comer

makan

arrumar

mengemas

amar

sayang

cozinhar

masak

dirigir

pandu

voar

terbang

velejar

belayar

calcular

kira

ler

baca

aprender

belajar

trabalhar

kerja

casar

nikah

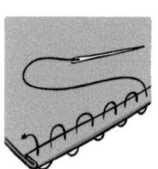

costurar

jahit

escovar os dentes

memberus gigi

matar

bunuh

fumar

asap

enviar

hantar

avó
nenek

avô
datuk

pai
bapa

mãe
ibu

bebê
bayi

filha
anak perempuan

filho
anak lelaki

convidado

tetamu

tia

mak cik

tio

pak cik

irmão

abang

irmã

kakak

corpo
badan

testa
dahi
olho
mata
ombro
bahu
dedo
jari
rosto
muka
queixo
dagu
mão
tangan
perna
kaki
peito
dada
braço
lengan

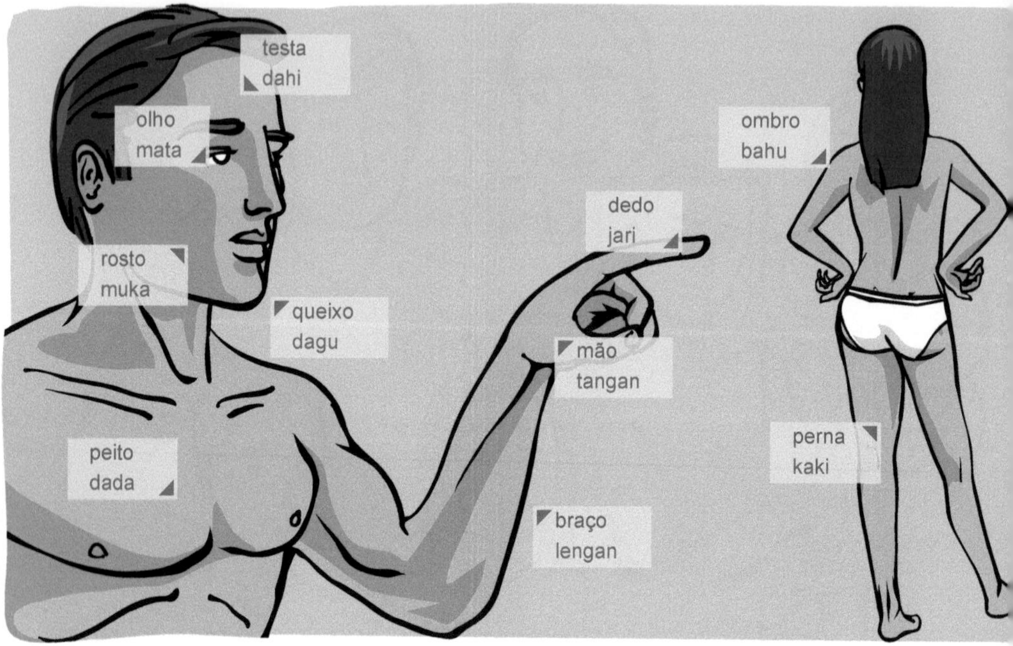

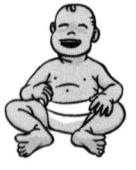

bebê
bayi

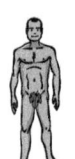

homem
lelaki

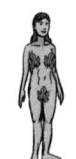

mulher
wanita

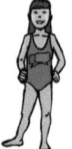

menina
perempuan

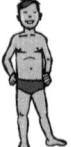

menino
lelaki

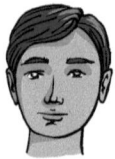

cabeça
kepala

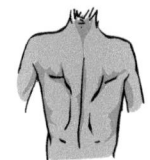

costas

belakang

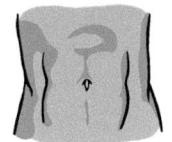

barriga

bawah perut

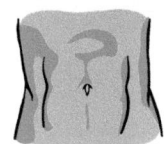

umbigo

pusat

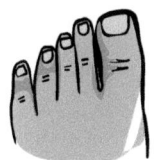

dedo do pé

jari kaki

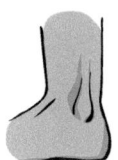

calcanhar

tumit

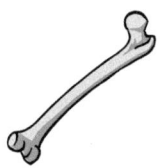

osso

tulang

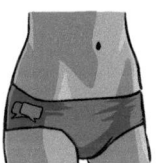

anca

pinggul

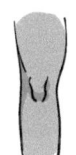

joelho

lutut

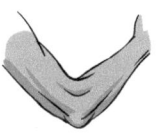

cotovelo

siku

nariz

hidung

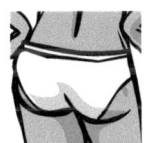

nádegas

bawah

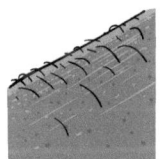

pele

kulit

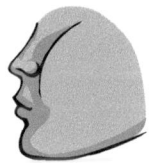

bochecha

pipi

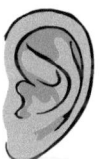

orelha

telinga

lábio

bibir

boca

mulut

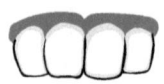

dente

gigi

língua

lidah

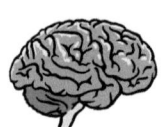

cérebro

otak

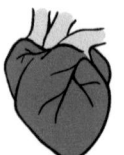

coração

hati

músculo

otot

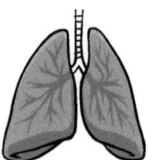

pulmão

paru-paru

fígado

hati

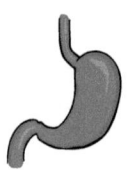

estômago

perut

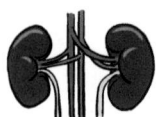

rins

buah pinggang

relações sexuais

seks

preservativo

kondom

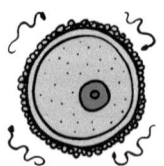

óvulo

faraj

esperma

mani

gravidez

mengandung

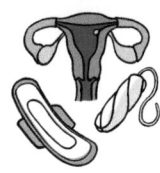

menstruação
haid

vagina
faraj

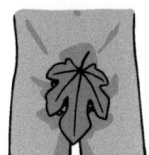

pênis
penis

sobrancelha
kening

cabelo
rambut

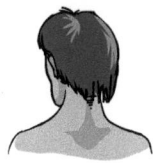

pescoço
leher

hospital
hospital

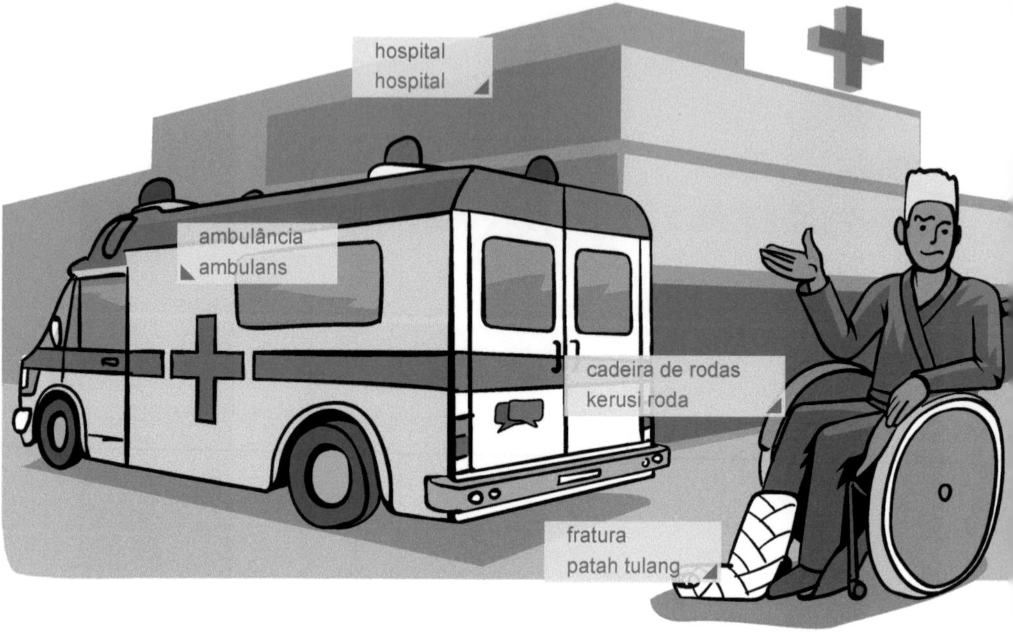

hospital
hospital
ambulância
ambulans
cadeira de rodas
kerusi roda
fratura
patah tulang

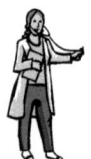

médico
doktor

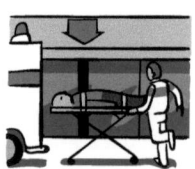

pronto-socorro
bilik kecemasan

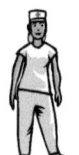

enfermeira
jururawat

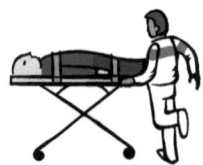

emergência
kecemasan

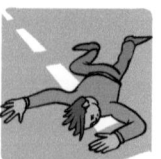

inconsciente
tak sedar

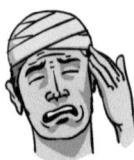

dor
sakit

ferimento
kecederaan

hemorragia
pendarahan

ataque cardíaco
serangan jantung

acidente vacular cerebral
strok

alergia
alergi

tosse
batuk

febre
demam

gripe
selesema

diarreia
cirit-birit

dor de cabeça
sakit kepala

câncer
kanser

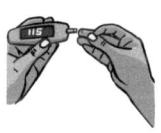

diabetes
diabetes

cirurgião
pakar bedah

bisturi
pisau bedah

operação
pembedahan

CT
CT

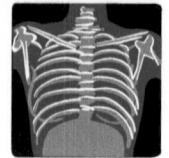

raio x
x-ray

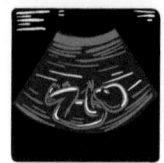

ultrassom
ultrabunyi

máscara
topeng muka

doença
penyakit

sala de espera
bilik menunggu

muleta
penongkat

bandeide
plaster

ligadura
pembalut

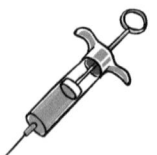

injeção
suntikan

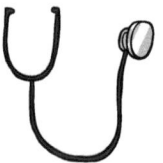

estetoscópio
stetoskop

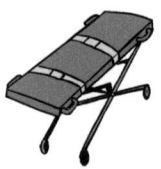

maca
pengusung

termômetro
termometer klinik

nascimento
kelahiran

excesso de peso
berat badan berlebihan

aparelho auditivo

alat pendengaran

desinfetante

disinfektan

infecção

jangkitan

vírus

virus

HIV / AIDS

HIV / AIDS

medicamento

perubatan

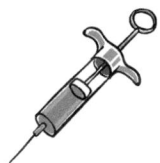

vacinação

vaksinasi

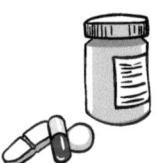

comprimidos

tablet

pílula

pil

chamada de emergência

panggilan kecemasan

dispositivo de medição de
pressão arterial

pantau tekanan darah

doente / saudável

sakit / sihat

Socorro!

Tolong!

alarme

penggera

assalto

serang

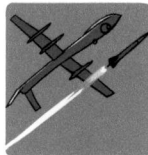

ataque

serangan

perigo

bahaya

saída de emergência

pintu kecemasan

Fogo!

Api!

extintor de incêndios

alat pemadam api

acidente

kemalangan

maleta de primeiros
socorros
alat pertolongan cemas

SOS

SOS

polícia

polis

Europa

Eropah

América do Norte

Amerika Utara

América do Sul

Amerika Selatan

África

Afrika

Ásia

Asia

Austrália

Australia

Atlântico

Atlantic

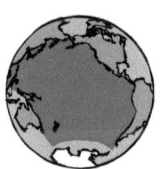

Pacífico

Pasifik

Oceano Índico

Lautan Hindi

Oceano Antártico

Lautan Antartik

Oceano Ártico

Lautan Artik

Polo Norte

Kutub utara

Polo Sul

Kutub Selatan

Antártica

Antartika

Terra

bumi

terra

tanah

mar

laut

ilha

pulau

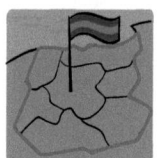

nação

negara

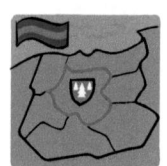

estado

negeri

mostrador do relógio
muka jam

ponteiro das horas
tangan jam

ponteiro dos minutos
tangan minit

ponteiro dos segundos
terpakai

Que horas são?
Jam berapa sekarang

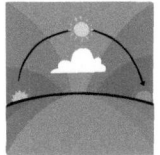

dia
hari

tempo
masa

agora
sekarang

relógio digital
jam digital

minuto
minit

hora
jam

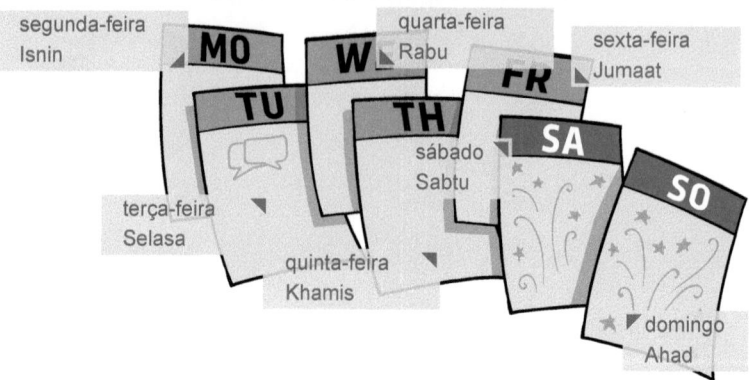

segunda-feira
Isnin

quarta-feira
Rabu

sexta-feira
Jumaat

sábado
Sabtu

terça-feira
Selasa

quinta-feira
Khamis

domingo
Ahad

ontem

semalam

hoje

hari ini

amanhã

esok

manhã

pagi

meio-dia

tengah hari

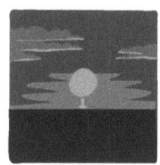

entardecer

petang

dias úteis

hari kerja

fim de semana

hari minggu

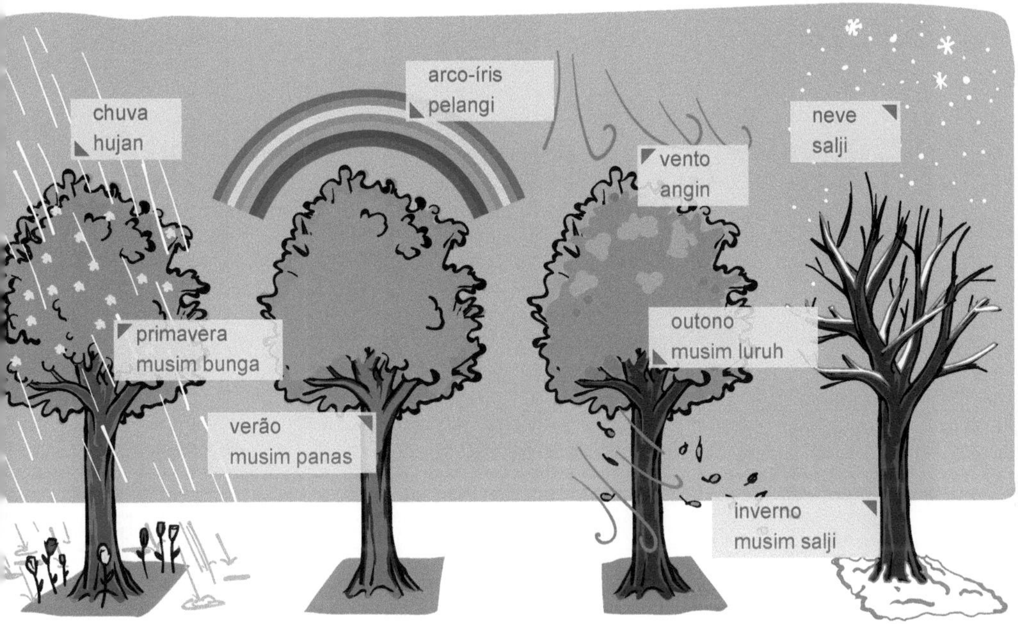

chuva
hujan

arco-íris
pelangi

neve
salji

vento
angin

primavera
musim bunga

outono
musim luruh

verão
musim panas

inverno
musim salji

previsão do tempo
ramalan cuaca

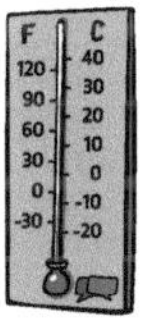

termômetro
termometer

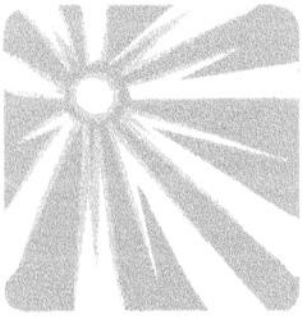

raio de sol
sinar matahari

nuvem
awan

neblina / nevoeiro
kabus

umidade do ar
lembapan

relâmpago
kilat

trovão
petir

tempestade
ribut

granizo
hujan batu

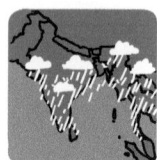

monção
monsun

inundação
banjir

gelo
ais

janeiro
Januari

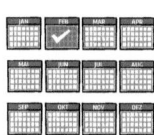

fevereiro
Februari

março
Mac

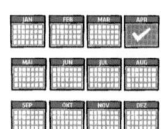

abril
April

maio
Mei

junho
Jun

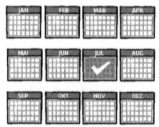

julho
Julai

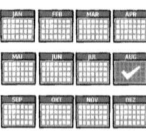

agosto
Ogos

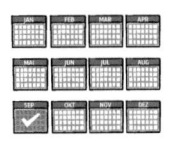

setembro
....
September

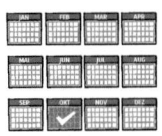

outubro
....
Oktober

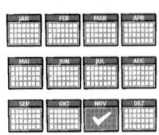

novembro
....
November

dezembro
....
Disember

formas
bentuk

círculo
....
bulatan

quadrado
....
petak

retângulo
....
segi empat tepat

triângulo
....
segitiga

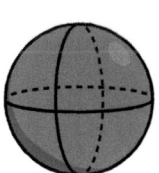

esfera
....
sfera

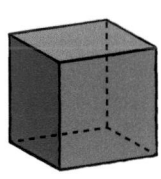

cubo
....
kiub

branco
putih

amarelo
kuning

laranja
oren

rosa
merah jambu

vermelho
merah

lilás
ungu

azul
biru

verde
hijau

marrom
coklat

cinza
kelabu

preto
hitam

muito / pouco

banyak / sedikit

furioso / tranquilo

marah / tenang

lindo / feio

cantik / hodoh

começo / fim

bermula / tamat

grande / pequeno

besar kecil

claro / escuro

terang / gelap

irmão / irmã

abang / kakak

limpo / sujo

bersih / kotor

completo / incompleto

lengkap / tidak lengkap

dia / noite

hari / malam

morto / vivo

mati / hidup

largo / estreito

luas / sempit

comestível / não comestível

boleh dimakan / tidak boleh dimakan

mau / gentil

jahat / baik

entusiasmado / entediado

teruja / bosan

gordo / magro

gemuk / kurus

primeiro / último

pertama / terakhir

amigo / inimigo

kawan / musuh

cheio / vazio

penuh / kosong

duro / macio

keras / lembut

pesado / leve

berat / ringan

fome / sede

lapar / dahaga

doente / saudável

sakit / sihat

ilegal / legal

menyalahi undang-undang / undang-undang

inteligente / idiota

pintar / bodoh

esquerda / direita

kiri / kanan

perto / longe

dekat / jauh

novo / usado
baru / lama

nada / alguma coisa
tiada / sesuatu

velho / jovem
tua / muda

ligado / desligado
hidup / mati

aberto / fechado
terbuka / tertutup

baixo / alto
diam / bising

rico / pobre
kaya / miskin

certo / errado
betul / salah

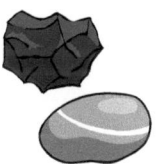

áspero / liso
kasar / halus

triste / feliz
sedih / gembira

curto / longo
pendek / panjang

lento / rápido
lambat / laju

molhado / seco
basah / kering

ameno / fresco
panas / sejuk

guerra / paz
berperang / berdamai

0

zero

sifar

1

um

satu

2

dois

dua

3

três

tiga

4

quatro

empat

5

cinco

lima

6

seis

enam

7

sete

tujuh

8

oito

lapan

9

nove

sembilan

10

dez

sepuluh

11

onze

sebelas

12

doze

dua belas

13

treze

tiga belas

14

quatorze

empat belas

15

quinze

lima belas

16

dezesseis

enam belas

17

dezessete

tujuh belas

18

dezoito

lapan belas

19

dezenove

Sembilan belas

20

vinte

dua puluh

100

cem

ratus

1.000

mil

ribu

1.000.000

milhão

juta

idiomas

bahasa-bahasa

inglês

Bahasa Inggeris

inglês americano

Bahasa Inggeris Amerika

chinês mandarim

Bahasa Cina Mandarin

hindi

Bahasa Hindi

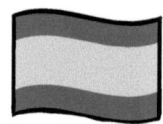

espanhol

Bahasa Sepanyol

francês

Bahasa Perancis

árabe

Bahasa Arab

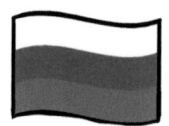

russo

Bahasa Rusia

português

Bahasa Portugis

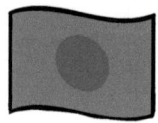

bengalês

Bahasa Benggali

alemão

Bahasa Jerman

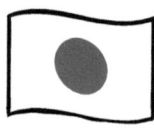

japonês

Bahasa Jepun

eu

saya

você

anda

ele / ela

dia / dia / ia

nós

kita

vocês

anda

eles / elas

mereka

quem?

siapa?

O quê?

apa?

como?

bagaimana?

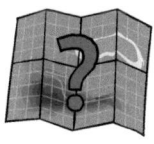

onde?

di mana?

Quando?

bila?

nome

nama

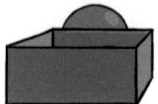

atrás

belakang

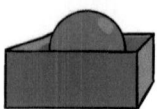

em

dalam

na frente de

di hadapan

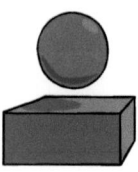

sobre

lebih

em cima

pada

debaixo

di bawah

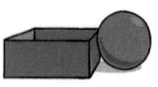

do lado

bersebelahan

entre

antara

lugar

tempat